Sebastian Thiel

TRIPLE-ULTRA-TRIATHLON

LENSAHN 2011

ICH WILL DOCH NUR DURCHKOMMEN

Impressum

Bibliografische Information der Deutschen Nationalbibliothek:
Die Deutsche Nationalbibliothek verzeichnet diese Publikation
in der Deutschen Nationalbibliografie; detaillierte bibliografische Daten sind im Internet über http://dnb.dnb.de abrufbar.

© 2023 Sebastian Thiel

Herstellung und Verlag: BoD – Books on Demand, Nor-
derstedt

ISBN: 978-3-7583-0189-6

Inhaltsverzeichnis

Triple-Ultra-Triathlon Lensahn 2011

[...] Jetzt war ich aber auch auf dieser Grenze unterwegs, wo sich auf der einen Seite der Kollaps und auf der anderen das Ziel befand [...]

Ich denke nicht. Wenn ich mich entschieden und angemeldet habe, dann mache ich das. Mit purer Lust, aus purer Freude, der Freiheit wegen. Denn ich finde die Freiheit, von allem frei zu sein. [...]

1. Die Vorbereitung

Berlin, den 3. August 2011

Lieber B.!

Ich bin durchgekommen.

Aber bin ich auch angekommen? Vielleicht weiß ich es, wenn ich diesen Brief beendet habe.

Anfang der 90er Jahre las ich zum ersten Mal von einem Ultra-Triathlon, war fasziniert und wollte eines Tages auch an solch einem Wettkampf teilnehmen. Ich habe Dir davon oft geschrieben. In einem Bericht gefiel mir vor allem die Beschreibung von Zombies, die durch die Nacht laufen. Ich wollte auch ein Zombie sein.

Letztes Jahr im August endlich meldete ich mich zum Triple-Ultra-Triathlon über 11,4 Kilometer Schwimmen, 540 Kilometer Rad fahren und 126,6 Kilometer Laufen in Lensahn in Schleswig-Holstein an. Kurz danach ergab sich der Kontakt zu einem Filmteam, das eine Reportage über meine Wettkampfvorbereitung und -teilnahme drehen wollte. Allerdings hörte ich von den Redakteuren nach dem ersten Treffen eine Weile nichts und war genervt. Ich hasse es, wenn ich durch irgendetwas oder irgendjemandem beim Laufen oder beim Triathlon aufgehalten werde. Und so fühlte ich mich. Aufgehalten. Und dann fragte ich mich, was ich eigentlich davon habe, wenn sie mich begleiten. Eine grandiose Erinnerung natürlich. Aber interessiert es mich, dass mich hunderttausend Leute sehen? Schließlich bekam ich aber im Januar die Nachricht, dass sie die Reportage machen würden.

Beim ersten Treffen sprachen wir darüber, wie man meine Fortschritte beim Training am besten festhalten und zeigen könnte. Wir hatten keine gute Idee, denn ob sie mich beim

Laufen im November oder im März filmten und ob ich dann zehn oder 20 Kilometer gelaufen war, wer würde das erkennen? Allerdings erzählte ich von meinen Plänen für das Training und im Frühjahr merkte ich, dass ich einiges von diesen Plänen umgesetzt hatte. Da fand ich es doch schade, dass wir diese Möglichkeit ausgelassen hatten. Denn im Dezember lief ich jeden Tag bei Schnee und Minusgraden und mehr als 20 Kilometer waren bei diesen Bedingungen nicht möglich. Dort legte ich die Grundlagen für einen 50-Kilometer-Hallenlauf im Januar und drei- bis vierstündige Trainingsläufe im Februar und März. Ich glaube, diese Läufe in langen Klamotten, mit Mütze und Handschuhen, im Schneetreiben und bei anbrechender Dunkelheit hätten ein gutes Kontrastprogramm für Aufnahmen im Frühling und im Sommer dargestellt. So hätte man doch gut zeigen können, was ich mir im Herbst überlegt hatte und wie ich es danach umsetzte. Weil wir aber den Zeitpunkt nun einmal verpasst hatten, kam ich auf die Idee, Dir eine Chronologie meiner Notizen zu schicken und sie nicht wie sonst, in die Gedanken- und Gefühlswelt während des Wettkampfes einzubetten. Störe Dich bitte nicht daran, dass manches an Dich persönlich gerichtet und manches nur allgemein gehalten ist. Ich gebe sie Dir einfach ungeschminkt wieder und werde Dir danach vom Wettkampf berichten.

15. September 2010: Vor vier Tagen lief ich beim 6-Stundenlauf in Bernau mit. (Ich habe Dir davon geschrieben). Auch während solch eines Laufes hat man manchmal seine Zweifel. Also dachte ich, wie bescheuert ich bin, dass ich mich zum Triple-Ultra-Triathlon angemeldet hatte. Nach dem 6-Stundenlauf schmerzten mein rechter Knöchel und die linke Hüfte.

Einen Tag später gab sich das wieder und der Muskelkater auch. Gestern lief ich das erste Mal wieder eine Stunde lang. Bei jedem Training, schon kurz vor der Anmeldung und wahrscheinlich auch in den kommenden Wochen und Monaten, kommt mir der Gedanke an einen Zieleinlauf nach circa 50 Stunden Wettkampf. Ich muss schlucken und bin fasziniert. So auch bei diesem ersten Training nach dem 6-Stunden-Lauf. Da wusste ich auch, dass die Anmeldung richtig war. Denn ich war so kurz nach dem 6-Stundenlauf schon wieder so locker und selbstverständlich unterwegs, dass ich dachte, ja, du kannst das.

19. September 2010: Manchmal saufe und rauche ich - von allem zu viel. Das muss man ja auch mal sagen. Und manchmal, wenn ich saufe und rauche, denke ich, mein Gott, du willst beim Triple-Ultra-Triathlon starten... Doch es ist so tief in mir verankert, dass ich das kann, da kann man nichts machen.

9. Oktober 2010: Lieber B.! Ich glaube an das Schicksal. Aber ich glaube nicht an Vorherbestimmung. Du erinnerst Dich vielleicht, dass ich vor drei Jahren, als ich vom 24-Stundenlauf berichtete, über die spirituellen Sprüche des Organisationsteam geschimpft habe. Und du erinnerst Dich hoffentlich auch, dass ich Dir im letzten Brief (über den 6-Stundenlauf) von einem Bestimmer schrieb, von dem es auch abhängig ist, dass man diese Läufe noch in zehn, zwanzig oder dreißig Jahren machen kann. Heute war ich bei meinen Eltern und bin meine 21 Kilometer lange Lieblingsrunde gelaufen. Eine Runde, die man gerade im Herbst unbedingt laufen muss und auf der mir vor vielen Jahren ein Radfahrer etwas von der Einsamkeit des Langstreckenläufers erzählte. Wieder einmal dachte ich an den Triple-Ultra-Triathlon und mir fiel auch ein, dass Dich irritieren könnte, wenn ich plötzlich von einem Bestimmer schreibe. Daher kam ich auf das Schicksal. Wenn man sagt, dass man an das Schicksal glaubt, beinhaltet das auch immer die Ausrede, sich nicht anstrengen zu müssen. Es ist, wie es ist und wir sind machtlos. Aber so einfach ist es nicht. Wenn ich sage, dass ich an das Schicksal glaube, dann heißt das, dass ich erst wieder auf die Idee kam, endlich an diesem Triple-Ultra-Triathlon teilzunehmen, weil die Frau mir die Tür vor der Nase zuschlug. Hätte sie mit mir zusammen sein wollen, hätte ich mich wahrscheinlich nicht angemeldet. Das Schicksal taucht also in Winks auf und bringt dich dahin, das Richtige zu tun und die richtigen Momente dafür zu finden. Vielleicht hält es dich auch manchmal von Fehlern ab. Aber hat man das erkannt, muss man sich trotzdem anstrengen. Daher gibt es keine Vorherbestimmung, die mit dem Schicksal in einem Atemzug genannt werden könnte.

10. Oktober 2010: Es ist gut, einen Traum zu haben. Es ist noch besser, ihn lange zu haben, das heißt, ihn sich zu erhalten. Und natürlich ist es am besten, wenn man ihn sich auch irgendwann erfüllt; unabhängig von allem und von allen. Ich weiß nicht, was andere für Träume haben. Manchmal scheint mir, dass die meisten sie in der Partnerschaft, im Job oder im Zuhause zu finden glauben. Wer davon träumt, den richtigen Partner zu finden und eine Familie zu gründen, ist abhängig. Wer von Erfolg im Beruf oder von einer bestimmten Position träumt, ist abhängig. Und wer von einem Haus oder einer großen Wohnung träumt, ist von letztgenanntem abhängig. Mein Traum ist von niemandem anderem abhängig als von mir. Ich will ein Zombie sein; schon seit fast zwanzig Jahren will ich ein Zombie sein.

25. Oktober 2010: Als wir wegen der Fernsehreportage die ersten Gespräche führten, überlegte ich, was sich dadurch in meinem Leben ändern könnte. Plötzlich stehe ich im Mittelpunkt und habe keine Ahnung, was das nach sich zieht. Vielleicht passiert auch nichts, aber immerhin haben mich hundert- oder zweihunderttausend Leute gesehen und kennen mich zumindest für einen Tag. Dann dachte ich, dass nicht die Reportage der Grund dafür sein wird, dass sich in meinem Leben etwas ändert. Denn 20 Jahre lang lief mein Leben auf diesen Tag, an dem der Wettkampf beginnt, hinaus. Deshalb ändert sich etwas. Mein Leben wird nicht mehr auf diesen einen Tag hinauslaufen. Vielleicht werde ich solch einen Wettkampf oder ähnliche wieder machen, vielleicht werde ich dann auch, wie ich schon oft geschrieben habe, andere Dinge wichtig nehmen. Das ist es, was sich vielleicht ändert. Meine Einstellung, meine Ziele.

1. November 2010: Vielleicht werde ich (während dieses Wettkampfes) aufhören zu reden. Dieses Gefühl hatte ich neulich schon einmal und heute wieder auf einem Gisbert-zu-Knyphausen-Konzert. Wie geil wird es sein, wenn ich unterwegs bin, fertig und glücklich, nicht mehr reden muss, nicht mehr denken werde, weil nur noch zählt, dass ich da bin.

2. November 2010: Oft sagen Leute, Laufen sei doch langweilig. Ich wusste lange nicht, was ich antworten sollte und hatte auch nie Lust zu antworten, denn ich muss es nicht erklären. Heute Abend im Humboldthain - es war schon dunkel - saßen drei türkische Jungs auf einer Bank und riefen mir etwas hinterher. Als Läufer wird man manchmal blöd angemacht, egal, ob es türkische Jungs im Wedding sind oder ob es früher irgendwelche Jugendlichen in Usingen waren. „Los, los, los." „Eins, zwei, drei." „Schneller, schneller, schneller." So etwas hört man dann immer. Vorhin fiel mir ein, dass denen langweilig ist und nicht mir, denn ich lief ja. Wenn andere sagen, Laufen sei langweilig, dann, glaube ich, liegt es daran, dass sie die Lust verlieren, wenn es anstrengend wird. Und um nicht zu sagen, dass es ihnen zu anstrengend ist, sagen sie, dass es langweilig ist. Daher werden sie auch nie den Punkt erreichen, ab dem Laufen etwas ganz anderes ist. Ein Schweben in einem anderen Raum und in einer anderen Zeit nämlich.

12. November 2010: Nach dem ersten Interview für die Reportage wusste ich wieder, warum ich lieber schreibe als rede. Auch wenn ich nicht gestottert, mich verhaspelt oder totalen Blödsinn erzählt habe, im Nachhinein fielen mir natürlich bessere Antworten ein. Sie fragten mich unter anderem nach einem Motto für diesen Wettkampf. Ich war überrascht, erzählte irgendetwas und landete schlussendlich bei der Aussage: „Alles wird gut." Man, ja klar, irgendwann immer. Aber die Briefe an Dich schreibe ich unter dem Motiv, dass ich durchkommen will. Und damit meine ich nicht nur die Wettkämpfe, sondern dieses ganze Leben, das mich oft so anstrengt. Dann fiel mir noch ein, dass ich ja jedes Jahr, wenn ein Wettkampf ansteht, eine CD aufnehme. Ein Lied habe ich vor Jahren wieder entdeckt, das heißt, mich wieder an es erinnert und es war das Erste, das ich für den Triple-Ultra-Triathlon zurückhielt. Jetzt werde ich es aufnehmen, denn ein besseres Motto kann es nicht geben: *I still haven't found what I'm looking for.*

13. November 2010: In den Tagen, in denen ich die Anmeldebestätigung erhielt und das erste Mal vor der Kamera stand, ging ich auch mal wieder feiern. Ich war fehl am Platz. Würde ich nächstes Jahr „nur" einen Ironman vor mir haben, wäre ich vermutlich bis morgens um fünf unterwegs gewesen. Jetzt, glaube ich, wird mir jedes Wochenende viel zu wichtig für das Training sein, als dass ich mir das Feiern noch erlaube. Vor allem habe ich keine Lust mehr dazu. Ich habe nur noch Lust zu laufen, Rad zu fahren und zu schwimmen. Die Aussichten, so die Wochenenden zu verbringen, sind einfach grandios. Als ich mit Triathlon begann, stand am Horizont immer die Aussicht, auch mal zum Ironman nach Hawaii zu fahren. Doch dafür konnte ich nie alles geben, das heißt auf Alkohol, Tabak und andere Freuden verzichten. Wahrscheinlich auch, weil ich zu viele Zweifel an meinem Talent hatte. Jetzt, für den Triple-Ultra-Triathlon, kann ich auf alles, zumindest auf vieles, verzichten. Da mache ich mir gar keine Gedanken. Vielleicht habe ich eine andere Dimension erreicht – wahrscheinlich ist der Triple einfach eine andere Dimension.

18. November 2010: Ich muss wieder mehr alleine sein. Zu sehr stand in den letzten Tagen der Triple und auch ich im Mittelpunkt zu vieler Leute. Denn auch wenn zehn Leute meinetwegen an der Strecke stehen, ich werde oft genug alleine sein, mit meinen Schmerzen und mit meiner Müdigkeit.

24. November 2010: Heute fiel mir eine Notiz ein, die ich vor einiger Zeit gemacht habe. Im Mai schrieb ich folgendes auf: Manchmal, wenn ich laufen bin, denke ich, was der Sinn war. Fürs Wohlfühlen klar. Aber wenn du zehn Kilometer im Sechser-Schnitt läufst, was bringt es? Keine Kondition, denn die hast du für diese Strecke in diesem Tempo seit 20 Jahren. Keine Schnelligkeit, weil du dieses Tempo im Schlaf laufen könntest. Und dann dachte ich, dass jeder einzelne Schritt, egal in welchem Training, also egal, ob ich kurz vor einem Marathon oder einem Ironman stand, ein Schritt war, bei einem Ultra-Triathlon dabei zu sein.

10. Januar 2011: Bei der Reportage soll auch eine Rolle spielen, dass ich über meine Lauf- und Triathlonerlebnisse schreibe. Daher saß ich beim ersten Treffen mit dem Filmteam am Computer und schrieb Dir über die MauerwegTour. Heute fiel mir auf, dass die Briefe an Dich Teil sind, die Erinnerung an die Erlebnisse jedes Wettkampfes festzuhalten und dass auch sie Motivation und Inspiration sind.

19. Januar 2011: Schlafen, essen, arbeiten und trainieren: daraus besteht mein Leben. Ich bin froh, wenn ich mal eine halbe Stunde Zeit habe, um den Schreibkrieg mit den deutschen Behörden zu führen und wenn ich alle zwei Wochen mal einige Freunde auf ein Bier treffe. Ich hoffe auf den Frühling. Doch wenn die Tage wieder länger sind, heißt das für mich auch nur, dass die Nächte noch kürzer sind. Aber es ist geil, ein auf einen solchen Moment fixiertes Leben zu führen. Ich kann mir nichts Besseres vorstellen.

23. Januar 2011: 50-Kilometer-Hallenlauf in Senftenberg

Ich hatte die Idee, in diesem Jahr in jedem Monat mindestens an einem Marathon teilzunehmen. Möglichst mit wenig Aufwand und wenig Kosten verbunden. Im Januar bot sich der Hallenmarathon in Senftenberg an, der aber, als ich mich anmelden wollte, ausgebucht war. Also blieb der 50-Kilometer-Lauf an gleicher Stelle am Sonntagmorgen. Acht Kilometer mehr waren okay, aber 50 Kilometer in einer Halle bedeuten auch 200 Runden à 250 Meter. Gute Vorbereitung, dachte ich, da mich beim Triple-Ultra-Triathlon beim Laufen 96 Runden à 1,3 Kilometer erwarten. Als ich nach dem Lauf mit Nicole telefonierte, sagte sie, dass es doch bestimmt langweilig gewesen sei. Das war es nicht, auch wenn ich mir vorher nicht sicher gewesen war. Aber wieder einmal habe ich gemerkt, dass Laufen für mich niemals langweilig ist. Wenn es so wird, werde ich aufhören. Ich merkte nach circa 15 Kilometern, dass es egal ist, wann und wo ich laufe, wenn ich mich konzentriere und in meinen Rausch komme, in dem nichts mehr zählt, als dass ich gerade hier bin und laufe. In dem Moment, in dem ich merkte, dass ich langsam kaputt werde, war es egal, dass ich mich in einer Halle auf einer 250-Meter-Runde befand, denn ich wusste auch, dass ich noch weiter laufen kann, noch viel weiter.

Trotzdem war der Lauf absurd am Anfang und krass am Ende. In den ersten Runden bin ich mehr oder weniger kopfschüttelnd gelaufen. Da kannst Du Dir noch gar nicht vorstellen, wie das wird. Aber eine Runde vergeht schnell. Etwa

1:25 Minuten habe ich pro Runde gebraucht. So war ich schnell fünf Kilometer also 20 Runden gelaufen und auch schnell zehn Kilometer also 40 Runden. Und ich war pro Kilometer circa zehn Sekunden schneller als geplant. So blieb es auch bis Kilometer 35, bis zur 140. Runde. Dann musste ich kämpfen. Wenn man draußen 250 Meter weitergelaufen ist, hat man nicht das Gefühl, viel weiter gekommen zu sein. In der Halle war dann schon wieder eine Runde weniger zu absolvieren. Dann war ich bei Runde 150 und 160 und nach 169 Runden hatte ich einen Marathon geschafft. Die Zeit 3:56 Stunden. Henrik hat mich wieder mal begleitet und ich hatte ihm gegenüber geschätzt, etwa 4:45 Stunden unterwegs zu sein. Darum bemühte ich mich dann und es klappte auch. 4:44:38 Stunden. Absurd und krass. Beim nächsten Mal, wenn es das geben sollte, hoffe ich auf ein paar mehr Zuschauer und ein bisschen mehr Stimmung. Und wenn dann nicht nur DJ Ötzi und ähnliches gespielt werden würde, wäre das auch nicht schlecht. Für die beschissene Musik, die vier Stunden lang gespielt wurde, musste man auch Nerven haben.

31. Januar 2011: *„So sein wollen, wie ich bin…"* Diese Worte von Sartre habe ich Dir schon einmal geschrieben. Es ist der Schlüssel, um mit dem Leben und im Leben zufrieden zu sein. Das heißt aber nicht, dass man sich ausruhen und faul werden darf und dass man sich gehen lassen kann. Denn dafür sind diese Worte auch die perfekte Ausrede. Für mich ist dieser Satz wieder wichtig geworden, als ich Bekannte verprellte. Mit Freunden, guten Freunden würde das nicht passieren. Aber ich bin eben nie gerne unter vielen Menschen gewesen. Und ich muss mich schon oft gezwungenermaßen unter mehr

Menschen aufhalten als ich möchte. Daher kommt, glaube ich, auch der Sport. Er ist Einsamkeit und Flucht in die Einsamkeit. Und durch ihn und die Zeit, die ich für ihn aufwende, bleibt ohnehin nicht mehr viel Zeit für Bekanntschaften oder gar neue Freundschaften. Da mich das aber immer wenig interessierte, bedingen sich der Sport mit der Flucht in die Einsamkeit sowie die Einsamkeit unter Menschen, die ich manchmal fühle.

8. Februar 2011: Meine Eltern haben heute Rupert und mich ins Ballett eingeladen. Teilweise war ich (wie erwartet) gelangweilt, teilweise war ich aber auch sehr fasziniert. Die Schönheit, die vom Tanz, von den Tanzenden und von der Musik ausging, ließ mich mal wieder an den Triple-Ultra-Triathlon denken und daran, dass ich, wenn ich das erlebt habe, eigentlich sterben könnte...

9. Februar 2011: Dahinter (hinter dem ganzen Sport) steckt auch viel Einsamkeit. Wenn du vom Training nach Hause kommst, müde und ausgelaugt, dann geduscht hast und die Beine auf dem Sofa hochlegst, bist du schon sehr zufrieden, aber mitunter auch einsam. Denn es geht so, von Tag zu Tag, bis zu dem einen, an dem es sich auszahlt. Deswegen willst du es auch nicht anders, deswegen kannst du nicht anders.

4. März 2011: Es ist zutiefst befriedigend, wenn man morgens aufsteht, am Vormittag Marathon läuft, am Nachmittag die Beine auf dem Sofa hochlegt und sie abends im Bett ausstreckt. Aber es ist ungleich faszinierender, wenn man am Tag laufen geht und immer noch läuft, wenn der Tag geht und die Nacht kommt und immer noch läuft, wenn auch sie wieder geht und ein neuer Tag kommt. Es ist ein unbeschreibliches Gefühl, wenn man so lange laufen kann, dass man allen Zeiten und Uhrzeiten trotzt und dass man immer weiter unterwegs ist, wenn Helligkeit geht und Dunkelheit kommt und umgekehrt.

8. März 2011: Es war gut, dass ich mich im November zum ersten Mal mit den Redakteuren wegen der Reportage getroffen hatte. Vorher war ich 67 Kilometer bei der MauerwegTour gelaufen, hatte dann eine Woche gar nicht trainiert und mir Gedanken über das Training für den Triple-Ultra-Triathlon machen können beziehungsweise unweigerlich gemacht. Ich hatte schon damals gute Ideen. Die Redakteure fragten dann auch, wie ich mir das Training vorstellte. Während ich darüber sprach, schüttelte ich immer wieder den Kopf, weil auch mir die Distanzen noch nicht begreiflich waren. Heute dachte ich, dass ich damals am Fuß eines Berges stand und gar nicht wusste, ob ich diesen Berg je erklimmen können würde. Natürlich weiß ich auch jetzt noch nicht, ob ich es schaffe. Doch ein halbes Jahr später kann ich schon zurückblicken und feststellen, dass ich einiges von dem, was ich mir vorgenommen hatte, umgesetzt habe. Vielleicht befinde ich mich auf halber Strecke auf dem Weg zum Gipfel, vielleicht auch noch ein bisschen darunter, aber der Weg, den ich eingeschlagen habe, scheint der richtige zu sein. Jedenfalls kann ich zurzeit beim Zurückblicken nicht sagen, dass viel schief gegangen ist oder ich schon vieles versäumt habe. In vier Tagen folgt der nächste Marathon, in gut zwei Wochen ein 100-Kilometer-Lauf. Wenn auch das gut geht, dann bin ich, glaube ich, schon auf halber Höhe.

10. März 2011: Du kannst für eine solche Strecke niemals ausreichend trainieren. Du kannst dir nur Mut antrainieren. Die letzten Jahre lief ich zum Beispiel im Winter bei Dunkelheit und Schnee eine Stunde, also circa zehn Kilometer. In diesem Winter lief ich dann eben eineinhalb Stunden und circa 15 Kilometer. Damit trainierst du dir Mut an, aber wie weit kann es dich bringen in Anbetracht der Distanzen des Triple-Ultra-Triathlon?

12. März 2011: Marathon in Marienwerder

Es waren vier Runden à 10,5 Kilometer zu absolvieren. Die Erste davon verlief zufriedenstellend. In der zweiten wurde ich minimal langsamer und wusste nicht warum. Ich fühlte mich etwas müde und ein anderer Läufer nervte mich. Erst lief er hinter mir, dann neben mir, wir quatschten kurz, dann lief er vor mich und scherte direkt vor mir wieder ein. Dabei war bei 100 Teilnehmern doch wirklich genügend Platz. Das wiederholte sich zweimal, bis ich ihn hinter mir ließ. In der dritten Runde fühlte ich mich dann auch besser. Wie bei der MauerwegTour, dachte ich. Nach zehn bis 15 Kilometern fühle ich mich gar nicht so gut, aber ab Kilometer 20 oder 25 läuft es viel besser. Das ist schön und beruhigend zu wissen. Da, wo es eigentlich schwer wird, fühle ich mich besser. Am Ende der dritten Runde sah ich eine Bekannte, mit der ich zusammen beim Rennsteig-Staffellauf gelaufen war. Auch sie bestätigte, dass ich locker aussehen würde. Jede Runde blieb ich knapp unter einer Stunde. Würde ich das auch die letzte Runde durchhalten, lief ich logischerweise unter vier Stunden. Aber es ist ein Marathon und man weiß nie, was passiert. Aber es passierte nichts. Ich lief konstant weiter und wusste spätestens ab

Kilometer 35, dass ich unter vier Stunden bleiben würde. Am Ende jeder Runde liefen wir in Marienwerder auf einem Pendelstück circa 400 Meter hin und wieder zurück. Man konnte also den Läufern, die kurz vor einem lagen, in die Augen sehen, und natürlich auch denen, die kurz hinter einem lagen. Einer von denen nickte mir zu und sagte: „So locker wie du aussiehst, kannst du noch eine Runde laufen." Danke. Also bin ich wirklich auf dem richtigen Weg. Nach 3:57 Stunden war ich im Ziel. Weiter laufen werde ich an anderer Stelle.

30. März 2011: 100 Kilometer-Lauf in Kienbaum/Grünheide

Es wird darum gehen, es nicht für sinnlos zu halten.

Am letzten Samstag wollte ich in Kienbaum 100 Kilometer laufen. Nach 60 Kilometern habe ich aufgegeben. Aber war es eine Aufgabe? In der Woche vorher hatte ich Urlaub, war bei meiner Schwester und zerrte mir auf der Couch, auf der ich schlief, den Rücken. Noch zwei Tage vor dem Lauf sagte ich Henrik, dass ich noch nicht entscheiden kann, ob ich an den Start gehe. Ich tat es und fühlte mich von Anfang an unwohl. Aber nicht der Rücken war das Problem, alles war ein Problem. In letzter Zeit bin ich beim Laufen vielleicht zu sehr verwöhnt worden. Immer lief es gut. Zwischen Kilometer 15 und 25 hatte ich eine kurze Phase, in der ich dachte, dass es besser und alles noch gut wird. Bei Kilometer 40 äußerte ich das erste Mal gegenüber meinem Vater und Henrik, dass heute 50 oder 60 Kilometer reichen werden.

Nach dem Lauf sagte ich ihnen, dass Laufen Spaß macht, mir Spaß macht und dass es heute nicht so war. Ich hielt es für sinnlos, an diesem Tag 100 Kilometer zu laufen. Neben den

Schmerzen und dem Unwohlsein bewegte mich auch der Triple-Ultra-Triathlon zum Ausstieg. 60 Kilometer sind auch viel, sagte ich mir, und wenn ich an diesem Punkt aufhöre, habe ich mich nach zwei Tagen erholt und kann weiter trainieren. Wäre ich noch 40 Kilometer weitergelaufen, hätte ich, vermutete ich, zwei Wochen nicht trainieren können. „Schlimm" ist allerdings, dass man nach so einem unbefriedigenden Lauf gleich wieder irgendwo starten will, um zu zeigen, dass man es besser kann. Drei Wochen muss ich jetzt aber bis zum nächsten Marathon warten. Und ein Marathon ist eben nicht 100 Kilometer lang. Das heißt, dass der Marathon dann vielleicht auch nicht so sehr befriedigt, weil ich eigentlich zeigen will, dass ich auch 100 Kilometer laufen kann. Aber diese Chance habe ich vorläufig nicht. Das ist es, was grämt. Außerdem lag ich auch voll in meinem Zeitplan und war zum Zeitpunkt der Aufgabe zum Beispiel schneller als bei der MauerwegTour über knapp 70 Kilometer und schneller als beim 6-Stundenlauf im letzten September. Aber ich mache mir Mut, indem ich mir sage, dass ich zwar unglaublich stolz und zufrieden gewesen wäre, hätte ich durchgehalten, aber dass ich in Bezug auf den Triple-Ultra-Triathlon vielleicht große Bedenken bekommen hätte. Denn diese 100 Kilometer hätten mich mehr angestrengt als erwartet und wahrscheinlich wäre ich in einer Zeit von etwa elf Stunden ins Ziel gekommen, was ich zwar erwartet hatte, aber nicht unter solchen Schmerzen.

So wie also bei diesem 100-Kilometer-Lauf wird es sich vermutlich auch beim Triple-Ultra-Triathlon nicht verhindern lassen, dass ich es für sinnlos halte. Dann muss ich mir sagen, dass ich es wollte und die Frage, ob es sinnlos ist oder nicht, schon an sich sinnlos ist. Ich muss dann einfach weitermachen und werde danach einen Sinn sehen oder eben nicht.

31. März 2011: Am Rande des 100-Kilometer-Laufes interviewten die beiden Filmemacher zum ersten Mal meinen Vater. Sie fragten ihn unter anderem nach meinen Laufanfängen, und er konnte sich nicht daran erinnern, wie er mir später erzählte. Das erstaunte mich, da er sich sonst sehr viel merken kann und sich an sehr viel erinnert. Aber es zeigte auch, dass ich diesen Sport im Grunde schon immer mache.

15. Mai 2011: In all den Jahren, die ich schon für einen Ironman trainiert habe, war eine 120-Kilometer-Radtour oft die längste Einheit in dieser Disziplin. Wenn ich so weit gefahren war, wusste ich einerseits immer, dass ich noch länger hätte fahren sollen, aber auch, dass ich immerhin mein Mindestziel erreicht hatte. Heute bin ich auch 120 Kilometer gefahren und hatte auch weiter fahren wollen. Aber Müdigkeit und kaltes Wetter verhinderten es. Außerdem bin ich in diesem Jahr schon deutlich weiter gekommen. Es war zu verschmerzen. Allerdings bog ich in meine Straße ein und dachte plötzlich daran, dass ich jetzt beim Triple-Ultra-Triathlon noch 420 Kilometer zu fahren habe. Ich war nicht frustriert oder deprimiert. Diese Ausdrücke passen nicht. Ich war mit dieser Vorstellung schlichtweg überfordert.

29. Mai 2011: Rennsteig-Supermarathon

Am Montag musste ich um 1:30 Uhr zur Arbeit und schlief zu wenig. Am Dienstag musste ich von vier bis 16 Uhr arbeiten und schlief zu wenig. Am Mittwoch sah ich endlich einmal die

Schauspielerin Katharina Schüttler live auf der Theaterbühne, kam spät ins Bett und schlief zu wenig. Am Donnerstag musste ich Sachen packen und alles erledigen, was man vor einer Woche Urlaub eben noch erledigen muss und schlief zu wenig. Am Freitag fuhr ich nach Eisenach, aber in der Schule war es viel unruhiger als vor zwei Jahren und ich schlief von circa 23 bis 3:30 Uhr.

Um sechs Uhr startete ich dann zum Rennsteig-Supermarathon von Eisenach nach Schmiedefeld über knapp 73 Kilometer. Nach etwa einer halben Stunde war ich so müde, dass ich mich gerne in den Wald gelegt hätte. Ich tat es nicht und war nach 8:25 Stunden im Ziel, 18 Minuten schneller als vor zwei Jahren. Damals habe ich Dir einen sechs Seiten langen Brief geschrieben, diesmal kann ich mich auf wenige Zeilen beschränken. Damals gefiel mir vor allem das Drumherum, meine Mitläufer, die Veranstalter, die Zuschauer, die Versorgung. Diesmal konnte ich mehr den Rennsteig und die Natur genießen. Doch es gelang nicht, einen perfekten Lauf zu genießen. Zu sehr beschäftigte mich auch der Triple-Ultra-Triathlon und dass dieser Lauf und die Woche, die ich noch in Thüringen blieb, der Vorbereitung dienten. Wenig Euphorie hatte ich auf den letzten Kilometern, aber beim Zieleinlauf doch Tränen in den Augen, weil ich so kaputt war. Immerhin habe ich die Woche danach, die heute zu Ende geht, mit viel Schlaf und viel Training füllen können. Für den Ironman in Moritzburg bin ich fit, für den Triple-Ultra-Triathlon muss ich noch einige Trainingsspitzen setzen. Aber der Weg, auf dem ich mich befinde, scheint gut zu sein.

4. Juni 2011: Über das Theaterstück, das ich neulich besucht habe und das ich Dir gegenüber kurz erwähnt habe, stand in der Zeitung ein Artikel mit einem Zitat aus dem Stück als Überschrift: *„Ich bin ne sinnlose Existenz".* Gestern Abend bin ich drei Stunden gelaufen, von 20 bis 23 Uhr, also in die Nacht, ins Dunkle hinein. Annähernd die kompletten drei Stunden schwebte mir dieser Satz durch den Kopf: Ich bin ne sinnlose Existenz. Ich fragte mich, wie viele von den etwa 50 Stunden, die ich in Lensahn schätzungsweise unterwegs sein werde, werde ich denken, dass ich ne sinnlose Existenz bin?

12. Juni 2011: Heute hatte ich das erste Mal das Gefühl, dass ich es schaffe. Damit meine ich aber nur das Schwimmen. Denn dass ich den ganzen Wettkampf schaffe, das ist immer noch unfassbar und das wird wahrscheinlich auch, falls ich ins Ziel gekommen bin, noch unfassbar sein. Aber bisher habe ich beim Schwimmen immer nach drei Kilometern abgebaut, so dass ich jedes Mal den Gedanken hatte, wie langsam ich wohl hinten heraus, also nach sieben oder acht Kilometern noch werde. Heute bin ich zwar auch langsamer geworden, aber in einem Rahmen, dass ich glaube, dass ich das Schwimmen in etwa fünf Stunden beenden kann. Immerhin.

22. Juni 2011: Langtriathlon in Moritzburg

„Es war relativ schwer dieses Jahr, weil sich alles (oder vieles) um den Triple-Ultra-Triathlon dreht und ich mich extrem konzentrieren musste, dass so ein einfacher Ironman nicht als selbstverständlich genommen wird. Außerdem war ich auch sehr müde. Ich glaube, mit geregeltem Schlaf in den Tagen davor, hätte ich dann auch eine Viertel- oder halbe Stunde schneller sein können."

Das schrieb ich Nicole heute über den Langtriathlon in Moritzburg. Und das fasst das Rennen auch zusammen. Beim Schwimmen war ich konzentriert, verkrampfte nicht zu lange im Kraulstil, sondern erholte mich regelmäßig mit Brustschwimmen und kehrte ab der Hälfte das Verhältnis zwischen Kraul- und Bruststil um. So verließ ich nach 1:25 Stunden den Schlossteich und hatte meine Bestzeit um eine halbe Minute verbessert. Beim Wechsel konzentrierte ich mich, einen Schritt nach dem anderen zu tun und nicht zu hastig zu sein. So brauchte ich ein oder zwei Minuten länger als sonst, stieg aber entspannt aufs Fahrrad. Beim Radfahren war es windig, sogar windiger als vor zwei Jahren, als ich viel darüber schimpfte. Also war ich konzentriert, mich nicht zu sehr zu verausgaben und strebte eine Zeit von 6:20 Stunden an, etwa zehn Minuten mehr als ich vorher eingeplant hatte. Nach 6:22 Stunden beendete ich das Radfahren, nach 7:58 Stunden begann ich mit dem Marathon. Jetzt würde sich zeigen, ob ich genügend Kraft gespart hatte. Ich lief konzentriert los. Eine Runde von sieben Kilometern wollte ich in 45 Minuten schaffen. In der ersten und zweiten war ich etwas schneller, in der dritten verlor ich auch nur wenig Zeit. Hätte ich diese Rundenzeiten durchgehalten, hätte ich eine neue Gesamtbestzeit geschafft. Hätte ich in den nächsten beiden Runden jeweils fünf Minuten verloren, hätte ich die Zeit vom letzten Jahr geschafft. Aber ich verlor in der vierten Runde eine Viertelstunde und schon war alles vorbei. Es ging nichts mehr. Ich war todmüde. Während der drei Kilometer, die ich ging, musste ich gähnen, so als säße ich gerade abends zu Hause auf dem Sofa und ginge gleich ins Bett.

Hätten Zuschauer mein Gähnen gesehen, hätten sie geglaubt, ich würde sie verarschen. Aber zum Glück war ich irgendwo alleine im Wald. Wie am Tag vorher, so hatte die Woche über mein Wecker um 2:45 Uhr geklingelt. Da ist man nicht ausgeschlafen. Dann verzögerte sich unsere Abfahrt und wegen eines Staus auch unsere Ankunft. Nach dem Einkauf kamen wir gegen 16 Uhr in unserem Bungalow an. Um 17 Uhr war ich schon wieder bei der Radabgabe. Gegen 19 Uhr gab es dann Nudeln. Zeit zum Entspannen, ausruhen oder gar schlafen blieb nicht. Dass ich in der Nacht wenigstens sechs Stunden schlief, reichte nicht aus, um auch auf den letzten 20 Kilometern fit zu sein. Aber es reichte aus, um sich zu erholen. Und mein Training war auch so ausreichend, dass ich nach dem Blackout während der vierten Laufrunde, in der fünften schon wieder zehn Minuten schneller war und in der letzten schneller, als in allen Runden zuvor. Ich wollte wenigstens noch die Zeit von 12:50 Stunden vom Ostseeman 2004 unterbieten, wo ich so viel weniger als heute trainiert hatte. Man muss sich eben realistische Ziele setzen. Diese Zeit zu unterbieten war realistisch; eine Marathonzeit von 4:25 Stunden zu laufen, war nicht realistisch. Es reichte dann für eine Marathonzeit von 4:48 Stunden und für eine Gesamtzeit von 12:46 Stunden. Man lernt nie aus. Immerhin habe ich beim Triple-Ultra-Triathlon den Vorteil, dass ich das noch nicht gemacht habe. Ich werde niemals denken, dass ich irgendwann einmal so oder so schnell war und dass ich das wieder schaffen müsste, um dann daran zu scheitern. Ein Trost allerdings, wenn ich vollkommen im Eimer bin, wird das nicht sein, fürchte ich.

24. Juni 2011: Die Angst ist weg. Vor ein, zwei Tagen war sie plötzlich weg. Und sie ist auch noch nicht wieder gekommen. Ich weiß nicht, ob das gut ist. Die Unvorstellbarkeit der Distanz(en) ist zurzeit einer Sicherheit gewichen, sie bewältigen zu können.

28. Juni 2011: Gestern trafen wir uns zur Vorbesprechung. Zehn Leute waren da. Zehn Leute werden mit nach Lensahn kommen. So viel Begeisterung, so viel Euphorie, so viel Bereitschaft, so viel Einsatz. Ich hatte zum Beispiel damit gerechnet, dass jeder erst einmal darüber nachdenkt, wann er frei hat und losfahren will und dass wir uns über die Anzahl der Autos und wer bei wem mitfährt in den nächsten Wochen besprechen. Aber in weniger als zwei Minuten war alles geklärt. Auch die Fernsehleute waren bei der Besprechung dabei. Sie fragten mich, wie wichtig es mir ist, dass so viele Freunde mitkommen. Da mir spontan keine passende Antwort einfiel, sagte ich, dass es eine blöde Frage sei. Ein Freund rief, dass ich sagen soll, dass es mir sehr wichtig ist. Daraufhin erwiderte ich, dass auch das eine blöde Antwort ist. Denn es ist nicht in so wenige und einfache Worte zu fassen. Außerdem wollte ich nicht nur eine Antwort geben, um eine gegeben zu haben. Die Antwort, die am besten passt, ist die, dass ich mich freue und dankbar bin. Zögerlich bin und war ich nur, weil ich auch weiß, dass in der Zukunft nicht zehn, sondern fünf, drei oder auch niemand dabei sein wird. Denn so war es auch schon in der Vergangenheit. Kein Wettkampf ist schöner, wenn viele dabei sind, und keiner ist weniger schön, wenn niemand dabei ist. Jeder Wettkampf ist anders schön. Jetzt genieße ich den Augenblick.

30. Juni 2011: Absurd. Vollkommen absurd. Ich komme gerade aus dem Schwimmbad und bin 228 Bahnen geschwommen. Es waren aber nur 25-Meter-Bahnen. Von den Kilometern also die Hälfte, aber immerhin 228 Bahnen. Es hat mich stark an den 50-Kilometer-Hallenlauf erinnert und es ist gut, dass ich dort mitgelaufen bin. Diese ganze Absurdität muss man wirklich lernen. Im Übrigen ist ja absurdes auch unvorstellbar. Dass ich beim Triple-Ultra-Triathlon mitmache, kann ich mir gerade noch vorstellen. Aber dass ich auch ins Ziel komme, ist unvorstellbar. Nicht weil ich glaube, dass ich es nicht schaffe oder schaffen kann, sondern weil ich es mir einfach nicht vorstellen kann. Da ist so ein Tag wie heute ein Aha-Erlebnis und ein ganz klein wenig rückt es ins Vorstellbare. Aber wirklich nur ein ganz kleines bisschen. Es wird einfach noch viel mehr eine Sache des Kopfes, als ich bisher geglaubt habe. Ich bin ja der Meinung, dass, wenn man 80 Kilometer laufen kann, kann man auch 150 Kilometer laufen. Weil, wenn man im Arsch ist, ist man im Arsch. Also muss man den Kopf viel mehr trainieren, sich viel mehr darauf einstellen. Ich glaube, das habe ich vernachlässigt. Aber vielleicht reichen die letzten vier Wochen dafür noch aus. Sonst wäre ich schon vorher verrückt geworden, sonst hätte ich schon vorher aufgesteckt, wenn ich mir jeden Tag bewusst gemacht hätte, wie absurd alles ist.

2. Juli 2011: So sehr sie mich auch unterstützen, die Familie, die Freunde und jetzt auch ein Sponsor; es bleibt ja dabei, dass ich mich anstrengen muss. Ich gehe jetzt raus in den Regen, in den Wind und werde 30 Kilometer laufen. Das nimmt mir keiner ab. Da bin ich alleine. Und das ist gut und so soll es sein und so soll es bleiben.

3. Juli 2011: Ich habe mich jetzt genug angestrengt. Gestern bin ich zweieinhalb Stunden gelaufen im Wind, im Regen und bei 13 Grad. (Niemand weiß, warum es Anfang Juli 13 Grad hat und in Strömen regnet.) Dann hatte ich die Schnauze voll; ich habe sie insgesamt voll. Noch eine extralange Tour im Schwimmbad, noch eine auf dem Fahrrad und am nächsten Wochenende noch ein 12-Stundenlauf, ansonsten werde ich mich nur noch maximal eine Stunde im Schwimmbad aufhalten, höchstens drei Stunden Rad fahren und eineinhalb Stunden laufen. Es macht doch jetzt keinen Unterschied mehr, ob ich im Training zehn oder 15 Kilometer laufe, oder? Ich hoffe es zumindest.

5. Juli 2011: Der 12-Stundenlauf wurde abgesagt. Es gab zu wenige Anmeldungen. Im ersten Moment war ich natürlich enttäuscht, aber jetzt finde ich es okay. So bleiben noch zwei Wochenenden für lange Radtouren. Ich fand es nämlich interessant, was neulich beim Treffen ein paar antworteten, als sie von den Fernsehleuten gefragt wurden, was sie von den Distanzen halten. Neben meiner Mutter sagte auch ein Freund, dass sie sich das Radfahren noch am besten vorstellen können. Der Freund hat sich bei mir zweimal in den Windschatten gehängt, als ich 150 Kilometer fuhr; das verstand ich noch. Bei meiner Mutter war ich mehr überrascht. Ich jedenfalls habe vor dem Radfahren am meisten Angst.

11. Juli 2011: Alles kacke. Und scheiße auch. Man kann Krämpfe bekommen, bei denen denkt man, dass man sich das ganze Bein gezerrt hat.

12. Juli 2011: Wenn man auf etwas lange gewartet hat, kann man dann gar nicht begreifen, dass es beginnt, geschieht und zu Ende geht. Dazu fällt mir Joseph Conrad ein: *„Es kommt mir vor, als versuchte ich, euch einen Traum zu erzählen - ein vergeblicher Versuch, weil das Erzählen eines Traums niemals das Traumgefühl mitteilen kann, dieses Gewirr aus Widersinn, Erstaunen und Bestürzung im Beben einer verzweifelt ringenden Gegenwehr, dieses Empfinden, vom Unfassbaren gefangen zu sein, das dem wahren Wesen der Träume innewohnt"*, heißt es in *Herz der Finsternis*.

13. Juli 2011: Wenn ich durchkomme… Ich könnte jetzt sterben, habe ich Dir vor ein paar Monaten geschrieben. Zugegebenermaßen wäre das noch ein bisschen früh. Aber irgendwann, sagen wir, wenn ich 70 bin, dann kann ich zurückblicken und sagen: Ich habe nichts versäumt.

2. Der Wettkampf

Am Mittwoch, heute vor einer Woche, begann der letzte Teil der Reise. Morgens kam das Kamerateam, stellte noch ein paar Fragen und filmte meine Abfahrt. Dann holte ich Rupert ab, und wir fuhren pünktlich weiter. Wie wichtig es ist, dass alles auch im Vorfeld klappt, wie man es sich vorgestellt hat, habe ich Dir schon oft geschrieben. Denke an meine Notizen zum Triathlon in Moritzburg vor sechs Wochen. Man kann schon von Kleinigkeiten genervt sein. Während der Fahrt hörten wir meine CD und schon beim ersten Song *I still haven't found what I'm looking for* hatte ich Tränen in den Augen. Ich war unterwegs, es war nicht mehr zu stoppen. In Lensahn bogen wir zum Einkaufen ab, schauten uns den Ort aber noch nicht an, sondern beließen es dabei, die Hinweisschilder auf den 20. Internationalen Triple-Ultra-Triathlon zu begutachten. Unsere Ferienwohnung lag im nächsten Dorf etwa fünf Kilometer entfernt. Sie war für sechs Leute gedacht. Es sollten aber auch acht darin Platz finden, hatte man mir versprochen. Doch da alle Betten eng beieinanderstanden, war ich mir unsicher, wie gut ich in der Nacht vor dem Start schlafen könnte, wenn alle da sein würden. Als erstes trafen Anemon und Henrik mit ihrem Sohn ein, auch die einzigen, die schon an diesem Tag kommen konnten. Anschließend fuhren Rupert und ich eine Stunde Rad, einmal zur Ostsee und zurück. Es lief gut, ich war locker.

Der Donnerstag begann mit der Wettkampfbesprechung im Schwimmbad. Zum ersten Mal sah und traf ich die anderen Teilnehmer. Im Anschluss bekamen wir eine Mappe und wurden zur Übergabe das erste Mal mit Namen und Startnummer aufgerufen. Schließlich wurde auch allen Blut abgenommen, um den Hämatokritwert zu bestimmen. Abends erfuhr ich, dass bei zwei oder drei Teilnehmern die Blutabnahme noch einmal wiederholt werden sollte. Am nächsten Tag waren aber alle am Start. Zurück in unserer Unterkunft machte ich zuerst mein Fahrrad startbereit. Im Unterschied zu anderen Triathlons brauchte ich zum Beispiel Licht; das Rücklicht montierte ich komplett, während ich für das Vorderlicht eine Vorrichtung finden musste, die mich beim Greifen des Lenkers nicht stören würde. Dann packte ich Taschen: eine zum Start fürs Schwimmen, eine mit den Radklamotten, die ich zu Beginn anziehen wollte, eine mit allen weiteren verfügbaren Klamotten fürs Radfahren und eine für das Laufen. Mit Rupert besprach ich meine Essens- und Trinkvorräte. Da bei einem Wettkampf über solch eine Distanz und solch einen Zeitraum jeder Teilnehmer andere Wünsche hinsichtlich seiner Versorgung hat, können die Organisatoren ausreichende Verpflegung kaum sicherstellen. Daher ist man selbst dafür verantwortlich und muss mit einer Crew antreten, die sich während des Rennens darum kümmert.

Gegen 18 Uhr gingen wir zur Nudelparty, während der wir Teilnehmer ein zweites Mal vorgestellt wurden. Wie am Morgen traten wir in der Reihenfolge unserer Startnummern zur Bühne vor: Zuerst die Franzosen, dann ein Belgier, zwei Österreicher, zwei Kroaten, mehrere Ungarn und Italiener, eine Tschechin, zwei Norweger, ein Schwede, mehrere Dänen, ein Spanier, zwei Schweizer, die Deutschen, die Briten und zu guter letzt ein Teilnehmer aus Japan. Es ist eben tatsächlich ein internationaler Triathlon, die einzige Veranstaltung dieser Art, die zurzeit weltweit ausgetragen wird und die Leute von überall herlockt. Nachdem wir unseren Beutel mit Startnummern, Badekappe und ähnlichem bekommen hatten, gingen wir die

Reihen durch zu den anderen Teilnehmern, um jedem viel Glück zu wünschen. Danach wurden Fotos geschossen von zwei Frauen und 45 Männern, die so bekloppt waren, 11,4 Kilometer schwimmen, 540 Kilometer Radfahren und 126,6 Kilometer laufen zu wollen. Insgesamt war ich nervös und angespannt und manchmal hätte ich gerne meine Ruhe gehabt. Aber ich wusste, dass dieses Brimborium dazu gehörte und dazu gehören musste, um nicht zu vergessen, dass etwas Außergewöhnliches bevorstand.

Meine Eltern waren schon am Vormittag angereist, während des Nudelessens stießen dann Roman und Robert dazu und danach noch Nicole, Cornelia und Sophie. Somit umfasste meine Crew zehn Leute und am Freitag während des Radfahrens kamen spontan noch Maja und Fortino hinzu. Ich glaube, dass niemand eine größere Begleitcrew hatte. Manchmal fragt man sich, wodurch man das verdient hat? Was hat man getan, dass zwölf Leute anreisen, um sich zweieinhalb Tage um dich zu kümmern?

Nach dem Nudelessen leerte sich der Saal schnell. Während die anderen noch in Lensahn blieben, fuhr ich mit Rupert in die Wohnung, wo Anemon schon war. Wir tranken auf unserer Terrasse ein letztes Bier und gegen halb Elf ging ich ins Bett. Hätte ich schlafen können, hätte ich sechs Stunden Schlaf gehabt. Aber so lange die anderen noch nicht eingetroffen waren, fand ich keine Ruhe. Ich war froh, dass ich bereits eine Woche Urlaub hatte, in der ich sehr gut und ausreichend schlief. Nachdem dann alle angekommen und ins Bett gegangen waren, schlief ich schließlich ein und wachte ein paar Minuten, bevor der Wecker um Dreiviertel Fünf klingeln sollte, auf. Ein Kaffee, zwei Brote, eine Banane. Dann ging es mit Rupert los. Gegen sechs Uhr erreichten wir das Schwimmbad und blieben noch einen Moment im Auto sitzen, bis Rupert plötzlich sagte, dass ich ihm etwas versprechen sollte. „Wenn du nicht mehr kannst, machst du eine Pause; wenn du nicht mehr willst, machst du weiter."

Ich weiß nicht, ob ihm das spontan einfiel oder ob er es sich vorher überlegt hatte. Ich merkte nur jetzt und wie er sich dann zum Beispiel beim ersten Wechsel und während des Radfahrens um mich kümmerte, dass ihm dieser Wettkampf und dieses Unternehmen viel näher ging, als ich gedacht hatte. Es tat verdammt gut, diesen Moment im Auto zu haben und es war verdammt richtig, was er gesagt hatte. Wenn ich nicht mehr könnte, musste ich eine Pause machen, um zu sehen, wie ich wieder in die Gänge käme. Aber wenn ich nicht mehr wollte, gab es keinen Grund aufzuhören. Dann musste ich den Kopf besiegen und weiter machen.

Im Schwimmbad und in der Wechselzone herrschte eine angenehme Ruhe. Es tönte keine Musik von irgendwoher und niemand kehrte seine Aufgeregtheit nach außen. Nachdem ich mein Rad abgestellt und alle Sachen deponiert hatte, nahm ich einen IPod und zog mich zurück. Ich hörte *Bombtrack* von Rage against the Machine und *Ertrinken* von den Toten Hosen und ging ein paar Meter abseits von allen auf und ab. Dann folgte ein letzter Gang zur Toilette. Anschließend zog ich den Neoprenanzug an und verabschiedete mich von allen. Auf der Seite, auf der die Betreuer standen, ging ich ins Wasser und schwamm zur anderen Seite, wo die Bahnenzähler saßen und der Start erfolgte. Ein Pastor sagte ein paar Worte, die ich aber nicht mitbekam. Auf meiner Bahn schwammen die beiden Kroaten, ein Norweger, ein Däne und mit mir vier Deutsche. Die

Einteilung war so erfolgt, dass auf jeder Bahn etwa gleich starke Schwimmer sein sollten. Das sollte die Anzahl von Überholvorgängen verringern. Meine Bahn war die mit den langsamsten Schwimmern. Einer von den Deutschen ging noch mal reihum und wünschte jedem viel Glück. Kein anderer folgte ihm und wir sprachen auch nicht ab, in welcher Reihenfolge wir starten wollten.

So folgte der Startschuss und einer machte eben den Anfang. Ich reihte mich auf Platz sechs ein. Das Tempo war gemächlich und verzögerte sich an den Wenden. Während der ersten 500 Meter wechselten wir unsere Positionen kaum. Da ich schnell den Überblick darüber verlor, wie viele Bahnen wir zurückgelegt hatten, konnte ich das Tempo nicht einschätzen. Dann aber legte ich meinen Respekt ab. Wer weiß, wie gut die schwimmen können, hatte ich gedacht. Wer weiß, wie oft die hier schon am Start waren und welche Erfahrungen sie haben, hatte ich gedacht. Aber jetzt dachte ich: „Scheiß drauf" und überholte einen nach dem anderen, bis ich an erster Position lag. Dann machte der Erste eine Trinkpause, so dass sich unsere Riege verkürzte, und bald war den anderen mein Tempo zu langsam. Ich fiel wieder zurück, war aber auch dankbar, denn im Wasserschatten, strengt man sich wesentlich weniger an. Nach einer guten halben Stunde nahm ich die erste kurze Pause und ließ mir von meinem Vater ein Gel und etwas zu trinken geben. Damit war es dann mit dem Wasserschattenschwimmen vorbei. Immer wieder folgte ich jemandem für ein paar Bahnen, bis ich entweder den Anschluss verlor, überholte oder bis derjenige eine Pause machte. Nach etwa einer Stunde hatte sich das eingependelt.

Nach einer Stunde hatte ich aber auch meine ersten Zweifel. Vier weitere Stunden sollte das jetzt so gehen, bis ich 228 Bahnen hinter mir hatte? Und beim Radfahren und beim Laufen würde das auch immer so weitergehen? Was schrieb ich Dir am 30. März? Es wird darum gehen, es nicht für sinnlos zu halten. Das fiel mir in diesem Moment sehr schwer und ich dachte an Holm. Zurzeit lese ich *Ein Mann wie Holm* von Matthias Keidtel. Am Abend vor dem Start legte ich das Buch 20 Seiten vor dem Ende zur Seite. *„Wenn man das mit dem Leben [...] so machen könnte, dachte Holm, verschiedene Leben vorher mal kurz ausprobieren, ehe man sich für eines entscheidet."*

Denn es fragt niemand, ob man das Leben so will, wie man es hat und lebt. Natürlich können wir viele Entscheidungen treffen, müssen es auch und manchmal hat man schon zu viele Wahlmöglichkeiten. Aber diese eine hatte ich nicht. Es war immer klar, dass ich einmal bei diesem Triple-Ultra-Triathlon am Start sein würde. Ich konnte es nicht ausprobieren und mich danach entscheiden. Die Entscheidung war vorher getroffen worden.

Dass ich auf Toilette musste, lenkte mich von diesen Gedanken ab. Als ich mich bei den Rundenzählern abmelden wollte, riefen sie mir erst mal zu, dass ich 2,7 Kilometer hinter mir hatte. Also schwamm ich noch ein paar Bahnen, bis ich das Becken verließ. Auf dem Weg zur Toilette sah ich meine Crew beim Frühstück sitzen, freute mich und wäre auch gerne bei ihnen geblieben. Wieder im Wasser zählte ich noch, bis ich die erste Ironman-Distanz von 3,8 Kilometern geschafft hatte, die Bahnen mit. Die Zeit betrug 1:38 Stunden. Ich war also im

Plan, um unter fünf Stunden zu bleiben, wenn ich nur am Ende nicht zu sehr nachließ.

Wie ich es später auch beim Radfahren und beim Laufen bemerkte, so war es schon beim Schwimmen so, dass von den anderen immer mal einer etwas schneller oder etwas langsamer unterwegs war. Ich überholte, wurde überholt und ab und zu scherte jemand aus, um sich mit Getränken oder Essen zu versorgen. Das war die Abwechslung, die die Eintönigkeit des Bahnenziehens vergessen ließ. Als zweieinhalb Stunden Wettkampfzeit vorüber waren, hätte ich gerne gewusst, ob ich die Hälfte der Schwimmstrecke geschafft hatte. Aber ich fragte nicht, um nicht enttäuscht zu werden. Stattdessen bereitete ich mich auf einen zweiten Gang zur Toilette vor. Als ich das Becken verließ, redeten Henrik und Roman gerade mit einem zuschauenden Triathleten und alle waren der Meinung, dass jeder seine Bedürfnisse im Wasser erledigte. Ich hatte vorher vergessen zu fragen, wie andere das handhabten, obwohl ich durch das Filmteam doch den besten Kontakt zum Veranstalter hatte. Trotzdem tat der kurze Landgang auch gut.

Nach knapp drei Stunden verließ der Erste das Wasser, der Zweite folgte sieben Minuten später. Danach nahm ich nur noch am Rande wahr, wenn jemand das Schwimmen beendete. Ich hatte nach 3:23 Stunden die doppelte Ironman-Distanz geschafft, also 7,6 Kilometer. Damit war ich zu langsam, um meine angestrebte Zeit zu erreichen. Aber ich war noch nie in meinem Leben so weit geschwommen. Das war doch auch immerhin etwas. Ich behielt meine Trink- und Esspausen etwa alle 40 Minuten bei, ließ mir Schokolade, Milchschnitte, Tee und Iso reichen und beschäftigte mich ansonsten damit, meine Position innerhalb meiner Bahngenossen einzuschätzen. Einer war auffallend schneller, alle anderen waren höchstens gleich schnell, eher aber noch langsamer als ich unterwegs. Ich beschloss, mir sagen zu lassen, wann ich zehn Kilometer geschafft hatte, denn von da an rechnete ich noch mit 35 Minuten für die restlichen Meter. Nach 4:26 Stunden sagte mir Rupert, dass ich zehn Kilometer hinter mir hatte. Damit war ich wieder in der Nähe einer Endzeit von fünf Stunden. Ein paar Minuten später verließ der Erste unsere Bahn und ich überholte fortan nur noch. Doch durch meine Toilettengänge hatte ich wohl zu viel Zeit verloren. Einer nach dem anderen beendete das Schwimmen, bis wir auf unserer Bahn nur noch zu zweit waren. Ich behielt die Uhr im Auge und wollte 100 Meter immer in zweieinhalb Minuten schaffen. Das gelang mir auch. Dann hielt man das Schild für die letzten 100 Meter auch für mich ins Wasser und nach 4:58:57 Stunden verließ ich das Becken. Rupert holte mich ab und ging mit mir zur Wechselzone. Die anderen warteten beim Fahrrad. Bei 55 Stunden, die ich für den Wettkampf eingeplant hatte, kann man sich ganz in Ruhe abtrocknen und anziehen. Rupert legte alles zurecht, achtete auf jedes Detail und bevor ich mich aufs Rad setzte, trabte ich noch einmal zur Toilette. Auf dem Weg zurück cremte mich Sophie mit Sonnenmilch ein und dann konnte es losgehen. Nach 5:13 Stunden begann ich mit dem Radfahren. Vielleicht übertreibe ich, wenn ich schreibe, dass mir das Schwimmen leichtfiel. Auf jeden Fall fiel es mir leichter als erwartet und während des Umziehens hatte ich noch ein paar dumme Sprüche parat. Zumindest hatte mich das Schwimmen nicht so sehr angestrengt, dass mir deshalb vor dem Radfahren bange war.

Nach 228 Bahnen im 50-Meter-Becken standen beim Radfahren 67 Runden à acht Kilometer an. Allerdings war es keine Runde, sondern eine Pendelstrecke. Sie führte durch einen Kreisverkehr aus Lensahn heraus, einen kleinen Anstieg hinauf und wieder hinab nach Nienrade und über eine Brücke nach Beschendorf, wo wir nach vier Kilometern den Wendepunkt erreichten. Zurück in Lensahn wendeten wir dann auf dem Schützenplatz, wo sich das Wettkampfzentrum befand und später einmal das Ziel. Der Vorteil dieses Hin- und Herfahrens lag darin, dass man den anderen Athleten begegnete, etwas Kontakt hatte und erkennen konnte, dass es auch ihnen nicht immer gut ging.

Mein Plan war, bis Mitternacht die Hälfte der Strecke, also 270 Kilometer, zu schaffen. Wenn es gut lief, hoffte ich auch auf 300 Kilometer. Dann rechnete ich mit einer Pause von drei Stunden, um vom frühen Morgen bis circa 14 Uhr die restlichen Kilometer zu fahren. Auf den ersten Metern aß ich erst mal ein Käsebrot und fuhr gemächlich. Der Erste, der mich überholte, war ein Brite und er grüßte. Ich war überrascht, aber vermutlich hatte er gesehen, dass ich gerade auf die Strecke eingebogen und somit also „neu" war. Denn hätte er jeden bei jedem Überholvorgang gegrüßt, hätte er viel zu tun gehabt. Bald erfuhr ich nämlich, dass er der Führende war. Ich fuhr die Runden in 17 bis 18 Minuten und wusste, dass ich mich immer in einem guten Tempo befand, solange ich unter 20 Minuten blieb. Daher schaute ich auch fast nie auf dem Tacho nach meiner Durchschnittsgeschwindigkeit. Nach der 13. Runde stoppte ich das erste Mal für einige Minuten und zog mir Ärmlinge über. Bis hierhin verpflegte ich mich vor allem mit Gels und mit Energie- beziehungsweise Müsliriegeln.

Das meiste davon hatte ich selbst organisiert. Darüber hinaus hatte mir meine Schwester einiges zugesandt und mein „Fahrradmann" gab mir ein paar Riegel mit, als ich ihm erzählt hatte, weshalb er mein Rad noch einmal checken sollte. Wirklich umgehauen haben mich aber ein paar Riegel, die mir ein Freund gab, der als Physiotherapeut eine gute Quelle hat. Diese Riegel warben damit „Kraftwerke der Natur" zu sein und so fühlte es sich auch an, wenn ich sie aß. Dank der Reportage und der damit verbundenen Öffentlichkeit hatte ich auch einen Sponsor, einen Online-Fahrradshop, der mich zusätzlich noch mit Material und mit Bekleidung versorgt hatte.

Wenn ich schreibe, dass ich 13 Runden gefahren war, bedeutet das auch, dass ich etwa 104 Kilometer hinter mir hatte. Bei dem Rundenzählen und Rundenabfahren vergaß ich manchmal, wie viele Kilometer ich zurückgelegt hatte. Langsam setzte dann auch ein, was ich schon während der Trainingszeit versucht habe, Dir zu beschreiben. Es war Nachmittag und es war bewölkt, das heißt, man erahnte langsam, dass der Tag zu Ende ging. Wenn du also nicht die Aussicht hast, mit den zurückgelegten Kilometern irgendeinen anderen Ort zu erreichen, dann hast du immerhin die Aussicht, dass du die Nacht erreichst und sich so deine Umwelt verändert.

Nach 22 Runden und entsprechend 177 Kilometern war ich seit knapp zwölf Stunden unterwegs, es war kurz vor 19 Uhr. Zur Feier der Stunde, dass ich die einfache Ironman-Distanz geschafft hatte, ließ ich mir von meiner Crew Kniestrümpfe geben. Damit war ich gewärmt, um noch einmal zwei Stunden zu fahren. Während sich dann Anemon mit ihrem Sohn verabschiedete, harrten die anderen aus. Ich kann Dir leider nicht genau wiedergeben, wer wann für mich an der Strecke stand.

Es war nur gut, dass so viele da waren; nicht nur für mich, sondern auch für sie. Sie mussten sich keinen exakten Plan machen, wann wer da sein sollte. Allen blieb genug Zeit, um mal in die Wohnung zu fahren oder etwas anderes zu unternehmen. Meine Mutter zum Beispiel kümmerte sich für mich und auch für alle anderen, um warmes Essen und darum, dass jederzeit eine Kanne Kaffee da war. Dafür fuhr sie immer wieder in ihre Unterkunft. Mein Bruder nahm sich die Zeit und fuhr am Nachmittag selber ein paar Kilometer mit seinem Rennrad abseits des Wettkampfes. Und was Henrik mir danach erzählte, ist auch das, was die Faszination dieses Wettkampfes ausmacht. Sie gingen abends nach Hause, sagte er, standen drei oder vier Stunden später wieder auf und fühlten sich gerädert. Aber dann wurde ihnen klar, dass ich die ganze Zeit unterwegs gewesen war und dass ich noch immer unterwegs sein würde, wenn sie zurück an die Strecke kämen. Und so ging es auch noch mehr als einen Tag lang weiter.

Nach weiteren sieben Runden und insgesamt 233 Kilometern gönnte ich mir eine Pause, zog neue und lange Klamotten an und aß einen Hamburger. Es war nun nach 21 Uhr; die Dunkelheit war hereingebrochen. Als ich nach etwa einer Viertelstunde weiterfuhr, musste ich die Lichter am Fahrrad einschalten. In diesem Moment war ich auch so weit Fahrrad gefahren wie noch nie. Bei meiner längsten Radtour über 230 Kilometer, die mich an die Oder und an die Grenze nach Polen geführt hatte, hatte ich nach 150 Kilometern unbeschreibliche Schmerzen an den Füßen. Immer wieder hatte ich die Schuhe von den Pedalen lösen müssen und die Füße ausgeschüttelt. Während dieser Trainingsfahrt war es mir unvorstellbar, wie ich mit solchen Schmerzen weitere 300 Kilometer fahren sollte.

Der Unterschied ist der, dass ich mir auf einer Trainingsfahrt, vor allem, wenn ich sie alleine machen, kaum Pausen gönne. Hier im Wettkampf machst du das aber. Es ist eine unglaubliche Entspannung, wenn du nur fünf Minuten am Straßenrand stehen bleibst.

Da ich nun für knapp 70 Kilometer noch fast drei Stunden Zeit hatte, war mir klar, dass ich mein Etappenziel von 300 Kilometern bis Mitternacht erreichen würde. Ich spekulierte mit 40 Runden, hatte dann aber doch eine Runde vorher die Schnauze voll. Um 0:15 Uhr und nach 314 Kilometern stieg ich vom Rad. Sobald man eine Unterbrechung des Rennens von mehr als 20 Minuten plante, musste man sich beim Veranstalter abmelden. Cornelia übernahm diese Abmeldung. Dann umsorgten mich alle, auch Maja und Fortino, die inzwischen zu uns gestoßen waren. Nachdem ich trockene und warme Klamotten angezogen hatte, aß ich einen Teller Kartoffelsuppe und ließ mir von Robert den Rennverlauf schildern. Im Wettkampfzentrum auf dem Schützenplatz konnten sich Betreuer und Zuschauer laufend die aktuellen Zwischenstände aushändigen lassen, was er und mein Vater auch regelmäßig taten. Nach dem Schwimmen hatte ich auf Platz 45 von 47 Startern gelegen und war nun auf Platz 28 vorgefahren. Noch waren auch alle Starter im Rennen.

Schließlich legte ich mich ins Zelt und damit hatte auch meine Crew Pause, bis auf Rupert, der die Nachtwache übernahm. Den Plan, zwei Stunden liegen zu bleiben, durchkreuzte der Regen, der einsetzte, auf das Zeltdach prasselte und mich weckte. Da ich außerdem auf Toilette musste, stand ich schon nach gut einer Stunde wieder auf und fühlte mich bereits erholt. Ich traf Rupert und gemeinsam gingen wir die paar hundert Meter hinüber zum Schützenplatz und zu den Toiletten. Diese paar Meter zu laufen tat gut und dieser Moment tat überhaupt gut. Fast alle schliefen, meine Crew, alle anderen Betreuer und Zuschauer sowieso. Nur vereinzelt rauschten ein paar Radfahrer durch die Nacht und den Regen. Rupert legte dann wieder meine Sachen bereit und da der Regen auch wieder nachließ, konnte ich gegen 2:15 Uhr meine Fahrt einigermaßen trocken fortsetzen. Durch die verkürzte Pause hatte ich auch die Option, das Rennen am Morgen noch einmal ein bisschen länger zu unterbrechen. Ich kam gut in die Gänge und fuhr erst einmal sechs Runden, bis ich eine weitere knapp zehnminütige Pause machte, in der ich ein paar Klamotten ablegte und noch einmal etwas Festes aß.

Damit ich mehr nach Gefühl fahre und nicht permanent die Kilometer und die Geschwindigkeit sehe, habe ich meinen Tacho unter dem Triathlonlenkeraufsatz versteckt. Deshalb sah ich auch nur mehr oder weniger zufällig eine „58" auf dem Tacho stehen. Einen Moment lang dachte ich, dass davor eine „2" stehen musste, bis mir klar wurde, dass es eine „3" war. Ich hatte jetzt tatsächlich schon fast 360 Kilometer hinter mir, die doppelte Ironman-Distanz. Es war vier Uhr.

Zu Beginn des Radfahrens hatte ich mir vorgenommen, immer zwischen acht und elf Runden zu fahren, bis ich mich wieder ein bisschen von meiner Crew bemuttern lassen wollte. Jetzt stoppte ich das nächste Mal nach fünf weiteren Runden, nach der 50. Runde insgesamt und etwas mehr als 400 Kilometern. Es war 6:20 Uhr und die meisten meiner Crew waren wieder auf den Beinen, unter anderem war auch schon wieder Anemon mit ihrem Sohn an die Strecke gekommen. Nach einem weiteren Teller Suppe und etwa 20 Minuten ging es weiter. Nur noch 140 Kilometer, dachte ich. Und im nächsten Moment wurde mir bewusst, dass ich über 140 Kilometer im Training immer unglaublich stolz war. Ich aß noch einmal einen Riegel mit Koffeinzusatz, doch das Fahren wurde jetzt zur Quälerei. Einerseits erahnte ich zwar schon das Ende, andererseits lagen aber noch fünf bis sechs Stunden vor mir. Die Ersten waren zu dieser Zeit übrigens schon auf der Laufstrecke. Aber immerhin hatte ich mich nach den Pausen bis auf Platz 26 nach vorne gearbeitet. Inzwischen hatten allerdings auch vier Teilnehmer aufgegeben und ihr Rennen beendet.

Um neun Uhr hatte ich 57 Runden absolviert, nur noch zehn also. Vorher waren die Filmemacher ein drittes Mal eine Runde neben mir auf dem Motorrad hergefahren. War es vorher oft aufregend gewesen, dass sie mich begleiteten und meinetwegen irgendwo standen, so war es jetzt und hier Normalität. Da dieser Wettkampf etwas Außergewöhnliches ist, ist es normal, dass darüber auch im Fernsehen berichtet wird. Wenn andere Sender auch nur kurz und allgemein berichteten.

In Runde 60 und in Runde 63 blieb ich noch einmal kurz bei meiner Crew. Ich sagte ihnen, was sie mir zum Laufen bereithalten sollten und sah ihnen die Freude auf eine Abwechslung an. Denn nach 24 Stunden konnten sie sich für die nächsten 24 Stunden einen neuen Lagerplatz suchen. Vor der letzten Runde hielten sie ein Schild hoch, dass ich diese letzte Runde genießen sollte. Aber ich konnte nichts mehr genießen. Während der ersten Runden hatte ich mich manchmal gezwungen, ein bisschen mehr auf die Umwelt zu achten. Doch immer wieder verfiel ich in einen konzentrierten Zustand, in dem ich nur die Straße, die nächste Kurve oder den nächsten Teilnehmer vor mir sah. Ein bisschen besser gelang es mir, in den

Morgenstunden, als es hell wurde, wahrzunehmen, wie es neben der Strecke aussah. Ein Haus, ein Vorgarten, eine Pferdekoppel. In der letzten Runde war ich nur noch froh, dass ich das alles nicht mehr wieder sehen musste. Am Kontroll- und Wendepunkt in Beschendorf rief ich ein „Tschüss!" zu den Helfern und machte mich auf den Rückweg. Noch einmal kämpfte ich mich den kleinen Anstieg kurz vor Lensahn hinauf, noch einmal schüttelte ich den Kopf über den Wind, der in den letzten Stunden zugenommen hatte. Dann umkurvte ich zum letzten Mal den Schützenplatz in Lensahn und fuhr in den Wechselbereich ein. Nach einer Gesamtzeit von 29:44 Stunden beendete ich das Radfahren, etwa 24:30 Stunden hatte ich für die 540 Kilometer gebraucht; die reine Fahrzeit betrug etwa 20:30 Stunden, was einem Durchschnitt von 26,3 Kilometern pro Stunde entspricht. Ich befand mich auf Platz 26 von 40 Teilnehmern, die noch im Rennen waren.

Neben meiner Crew war bei meinem Wechsel auch der hauptverantwortliche Organisator Wolfgang anwesend. Er hatte selbst zweimal an „seinem" Wettkampf teilgenommen und aus zahlreichen anderen Unternehmungen eine ungeheure Erfahrung, was solche Rennen angeht. Von ihm kam der Tipp, die Füße mit Vaseline einzuschmieren. Rupert und meine Mutter halfen mir beim Umkleiden, denn ich tat mich sehr schwer, das Hemd selbst über den Kopf zu ziehen. Nicole schließlich cremte mich an allen freien Körperstellen mit Sonnenmilch ein. Ein bisschen amüsierte sich Wolfgang, wie alle helfen wollten und sagte, dass ich mich bei dieser Betreuung nicht zu allzu vielen und langen Pausen verleiten lassen sollte.

Ich hatte keine Ahnung, wie und ob ich überhaupt die ersten Meter laufen könnte. Nach 29:56 Stunden probierte ich es aus. Ich war zu diesem Zeitpunkt eine Stunde schneller, als nach dem Plan, den ich meiner Crew gegeben hatte. Dieser Plan beinhaltete noch, jeden Marathon in sieben Stunden zu laufen sowie eine dreistündige Pause, so dass ich von nun an in 24 Stunden im Ziel sein wollte.

Überraschenderweise konnte ich die ersten Meter laufen. Mit einem runden Laufstil hatte es zwar nichts zu tun, aber ich war zufrieden. Dann merkte ich, dass ich auf Toilette musste. Der Magen rebellierte sofort gegen die Erschütterung, die es beim Radfahren nicht gegeben hatte. So war die Zeit der ersten Runde erst einmal nebensächlich. Danach ging es dann los. Vom Schützenplatz auf die Straße, wo sich meine Crew neu aufbaute. Nach etwa 400 Metern links ab, „berghoch" durch eine Wohnsiedlung. Dahinter wieder links an einer Schule und einem Sportplatz vorbei bis zum Eingangsbereich des Schwimmbads, wo am Tag vorher alles begonnen hatte. Und hier erneut links und „bergab" bis hinunter zum Schützenplatz. 1,32 Kilometer war diese Runde lang und ich sollte sie 96-mal laufen. Das bedeutete immerhin, dass das Rechnen einfach war. Nach 16 Runden hatte ich einen Halbmarathon geschafft, nach 32 Runden einen Marathon und so weiter. Meine Überlegung dazu war, dass ich pro Runde zehn Minuten Zeit hatte, was dann einer reinen Laufzeit für den Marathon von 5:20 Stunden entsprochen hätte. Mit ein paar Pausen fürs Essen, Trinken und Umziehen sollte ich demnach einen Marathon in sechs Stunden schaffen, was ein Polster von einer Stunde gegenüber meinem Plan gewesen wäre.

Aber ich behielt dieses Tempo nur drei Runden bei. Dann wusste ich, dass ich auf dem Weg durch die Siedlung Gehpausen machen musste. Es war okay, denn das Lauftempo war nicht sehr viel höher als das Gehtempo, doch die Zeit pendelte sich bei zwölf Minuten pro Runde ein. Außerdem schienen alle anderen Läufer, schneller als ich unterwegs zu sein. Das deprimierte. Zusätzlich schien mir die Sonne zu stark. Es waren sicherlich nicht mehr als 25 Grad, doch das reichte mir, gerade auf den Abschnitten, wo es keinen Schatten gab. Ich hoffte auf den Nachmittag und den Abend und die damit verbundene Abkühlung. Das ist nämlich das Gute an solch einem Triathlon. Bei jedem anderem läufst du am Nachmittag und weißt, dass du, bis du ins Ziel kommst, der Sonne nicht mehr entkommen wirst. Hier wusste ich, dass ich noch viele Stunden am Abend, in der Nacht und am nächsten Morgen zu laufen hatte und dass sich schon dadurch mein Zustand verändern würde.

In Runde sieben gönnte ich mir einen weiteren Hamburger. Ich brauchte etwas Ordentliches zu essen und hatte keine Lust mehr auf Riegel, Gel oder Bananen. Außerdem war ich mir sicher, dass das mein Magen vertrug. Danach begleitete mich Rupert für einige Runden, bis ich den ersten Halbmarathon nach knapp 3:20 Stunden hinter mir hatte. Immerhin bleibe ich also für den ersten Marathon im Bereich von 7 Stunden, dachte ich, weil ich auch hoffte, dass es nun abkühlte und dadurch, angenehmer zu laufen sein würde. Zusätzlich kam ich in den Genuss, andere zu überholen. Vielen ging es dreckig und deswegen schlichen sie nur noch, schlurften, torkelten... Doch drei Runden später gelangte auch ich zunehmend in diesen Zustand.

Meine Crew hatte sich in der Zwischenzeit einen neuen Platz gesucht, abseits von der Straße und neben der Schule gelegen. Somit hielten sie sich jetzt hinter dem „Berg" und dem sonnigsten Abschnitt auf. Bis dahin kämpfte ich mich und ließ mich dann in einen Stuhl fallen. Nach fünf Minuten Pause, einer Banane und einem Becher Cola, probierte ich es wieder. Es war nach 17 Uhr, ich war seit mehr als 34 Stunden unterwegs. Was mich antrieb, war die Aussicht, den ersten Marathon hinter mir zu haben. Ich war mir sicher, dass ich danach ein Gefühl für den Rest der Strecke entwickeln könnte. Blieb ich unter sieben Stunden, wäre alles okay. Würde ich länger brauchen, musste ich mir eine neue Strategie überlegen. Außerdem beflügelten mich der Schützenplatz, der Ort, an dem ich irgendwann ins Ziel kommen würde, und die Straße an Schule und Sportplatz vorbei, wo neben meiner Crew auch meine dänische „Freundin" stand, wie ich sie später nannte. Unermüdlich klatschte sie und munterte mit ihren Blicken auf. Es gab kaum eine Runde, in der sie nicht da war; selbst in der Nacht, verschwand sie nur wenige Stunden im Zelt. Auf den Abschnitten dazwischen hieß es also nur: Augen zu und durch.

Etwa eine Stunde später ging der Sieger auf seine letzte Runde. Jeder Teilnehmer, der diese letzte Runde erreichte, durfte sie mit seiner Landesfahne in entgegengesetzter Richtung laufen. Der Sieger war Engländer und wirkte immer äußerst sympathisch. Als er mir entgegenkam, gab ich ihm die Hand und gratulierte. Er bedankte sich mit Tränen in den Augen und in unendlicher Dankbarkeit, wie es schien, so, als ob ohne mich dieser Wettkampf nicht möglich wäre. Und damit hatte er auch teilweise Recht. Ohne diese 47 anderen, die am Vortag an den Start gegangen waren, wäre das alles nicht möglich. Wäre ich der Einzige auf der Welt, der mal einen Triple-Ultra-Triathlon absolvieren wollte, würde ich das alles nicht erlebt haben.

Nach dieser Begegnung nahm ich mir eine zwanzigminütige Auszeit, in der ich mich auch umzog. Dann ging es auf die letzten vier Runden bis zum Marathon. Nach 7:15 Stunden hatte ich schließlich die ersten 42 Kilometer hinter mir. Es war 20 Uhr. Ich will nicht sagen, dass ich verzweifelt war, aber ich war niederschlagen. Wie beim Radfahren hatte ich gehofft, dass ich bis Mitternacht, die Hälfte der Strecke schaffen würde, um mir dann eine längere Auszeit zu gönnen. Nach Stand der Dinge und vor allem danach, wie ich mich fühlte, wusste ich, dass dieses Vorhaben nicht gelingt. Immerhin war ich inzwischen noch einen Platz nach vorne gelaufen und befand mich an 25. Position.

Nach meinem Bruder hatte mich meine Mutter ein paar Runden begleitet. Jetzt lief oder vielmehr ging Roman mit mir. Mich deprimierte, dass mein Lauftempo für sie nur ein schnelles Gehen war. Sie konnten gar nicht so langsam wie ich laufen. Ich versuchte, das zu ignorieren, denn die Begleitung tat ja auch gut und brachte Abwechslung. Gegen halb elf schließlich hatte ich aber die Schnauze voll. Nach 40 Runden beziehungsweise knapp 53 Kilometern. Ich musste eineinhalb Stunden und zehn Kilometer früher als geplant eine Auszeit nehmen. Ich glaube, dass keiner aus meiner Crew böse war, denn nun konnten auch sie sich hinlegen. Während ich Suppe und Kuchen aß, waren noch alle wach und saßen um mich herum. Im Zelt war ich dann alleine. Wie in der Nacht zuvor hatte ich Angst, dass ich zu tief und zu fest einschlafen könnte und wehrte mich noch gegen die herabfallenden Augenlider. Dann machte ich mir klar, dass ich nicht mehr vorwärtsgekommen war und dass es nach dieser Pause nicht noch schlechter laufen konnte. Beim Einschlafen verdrängte ich, dass noch 73 Kilometer vor mir lagen, denn eigentlich hätte ich ja nach dieser Pause das Ziel schon so gerne vor Augen gehabt.

Nicole hatte diesmal die Abmeldung übernommen und meldete mich auch wieder zurück. Denn um ein Uhr befand ich mich wieder auf der Piste. Es ist erstaunlich, wie wenig Schlaf der Körper braucht, um sich etwas zu erholen. Nach zwei Stunden war ich aufgewacht und hatte mich wieder bereit gefühlt. Jetzt blieben auch noch vier Stunden, bis der Morgen grauen würde und mir genug Zeit, um mich bis dahin in eine Position zu bringen, in der ich das Ende erahnen könnte. Neben Nicole war Sophie wach geblieben und entschloss sich, ein paar Runden mitzulaufen. Es wurden die besten, schönsten und fast intensivsten Runden überhaupt. Denn es begann zu schütten, wie es nur schütten konnte. Der Weg zum Schützenplatz sowie die Straße waren überflutet. Das Wasser reichte uns bis zu den Knöcheln. Wir stapften und stolperten durch Pfützen. Die wenigen anderen Läufer, die unterwegs waren, trugen Regenschirme mit sich. Dagegen widersetzte ich mich, aber fast jede Runde bat ich Sophie, mir ein neues Hemd oder eine neue Jacke zu suchen.

Ein Bild dieser Nacht, das ich nie vergessen werde, erzeugte Fortino. Seine Freundin ist eine gute Freundin von Sophie und er selbst Triathlet. Daher waren sie nach Lensahn gekommen. Er fühlte sich so mit uns Läufern verbunden, dass er Runde um Runde auf seinem Stuhl unter einem Regenschirm sitzen blieb, bis er schließlich irgendwann einschlief. Aber selbst nachdem wir ihn geweckt hatten, wollte er sich noch nicht verabschieden und harrte weitere Runden unter seinem Schirm im strömenden Regen aus. Schließlich waren wir beinahe erleichtert, als er sich ins Zelt gelegt hatte.

Ein anderes Bild lieferte ein Franzose, der um kurz nach zwei Uhr als Siebter das Ziel erreichte. Stundenlang war er am Nachmittag und am Abend an mir vorbeigezogen. Als er mir in seiner letzten Runde begegnete, konnte ich ihm nicht gratulieren, da er von beiden Seiten gestützt wurde und nichts mehr wahrnahm. Ich traf ihn noch ein zweites Mal, als er sich etwa 100 Meter vor dem Ziel befand, an einen Pfosten gelehnt und nicht mehr fähig, einen Schritt nach vorne zu tun. Als ich nach einer Viertelstunde dort wieder vorbeikam, hatte er es dann aber doch ins Ziel geschafft.

Mit Sophie lief ich elf Runden gemeinsam, bis sie sich gegen drei Uhr verabschiedete, um sich ihren wohlverdienten Schlaf in unserer Wohnung zu holen. Dafür begleitete mich jetzt wieder Roman, bis auch er durchnässt war. Ich war nach der Pause auf Platz 36 zurückgefallen und da zwei weitere Teilnehmer aufgegeben hatten, befanden sich nur noch zwei hinter mir. Doch in den Regenrunden machte ich wieder sechs Plätze gut. Dann kamen zwar langsam die Erschöpfung und die Müdigkeit zurück, doch ich hielt bis zur 57. Runde durch.

So ungerecht es jetzt gegenüber meiner Crew klingt, es folgte ein ganz besonderer Moment dieses Wettkampfes. Denn ich kam zu unserem Platz und niemand war da, zumindest niemand, der wach war. Ich setzte mich in ein Auto und wollte zehn Minuten im Trockenen bleiben und mich erholen. Es fühlte sich kurios an, so plötzlich alleine zu sein. Unterwegs auf der Strecke war das okay und Normalität. Doch nie hatte ich eine Pause gemacht, ohne dass jemand in der Nähe war. Ich war so viel umsorgt, dass es auch einfach einmal guttat, in einer Pause alleine zu sein. Ich konnte mich gehen lassen und mit meinen Tränen kämpfen. Ich musste mich gegenüber niemandem äußern, wie es mir ging und was ich brauchte. Dann fielen mir auch schon die Augen zu, bis ich kurz aufschreckte. Doch ich wusste, ich konnte noch nicht wieder hinausgehen. Also ließ ich es geschehen und schloss die Augen wieder. Genau so großartig wie dieser Moment des Alleinseins war dann aber auch, dass Rupert kam und nach mir sah. Er hatte sich auf dem Schützenplatz aufgehalten und gewartet, bis ihm bewusstwurde, dass ich im wahrsten Sinne des Wortes liegen geblieben war. Nach etwa einer Viertelstunde war ich dann wieder unterwegs.

Danach kehrten auch meine Eltern zurück an die Strecke und auch Cornelia war wieder auf den Beinen. Sie hatten noch einmal trockene Kleidung organisiert und versorgten mich vor allem mit Rosinenbrot und mit Kaffee und Tee. Nach dem Umziehen machte ich mich auf den Weg, um den zweiten Marathon abzuschließen. Um 6:30 Uhr war es so weit. Da ich meine Zielzeit mit 55 Stunden angegeben hatte, was einer Uhrzeit von 14 Uhr entsprach, blieben siebeneinhalb Stunden für den letzten Marathon.

Am Vorabend hatte es einige Plätze gegeben, wo Leute – vor allem Einwohner Lensahns – sich zum gemeinsamen Grillen und Feiern getroffen hatten. Die Filmemacher hatten dazu einmal wissen wollen, ob es motivierte, wenn Leute am Rand standen, feierten und uns anfeuerten. Klar ist das schön und tut auch gut. Aber ich sagte auch, dass es eben nur der Moment ist. Während sie bald schlafen gingen, würde ich immer weiter unterwegs sein. Am Morgen ergab es sich dann, dass eine Frau, die am Vorabend in ihrem Garten mit Freunden und Nachbarn gegrillt hatte, ihre Haustür öffnete und heraustrat, während ich vorbeitrabte. Was für ein paradoxes Bild, dachte ich. Sie saß hier am Abend stundenlang und ich lief stundenlang an ihr vorüber. Jetzt hatte sie vermutlich aufgeräumt und sechs Stunden geschlafen und ich lief immer noch an ihrem Haus vorüber. Aber um genau das zu erleben, hatte ich an diesem Wettkampf teilnehmen wollen.

Als ich mit dem letzten Marathon begann, überlegte ich, immer vier Runden für sich zu nehmen. Vier Runden sollte ich in einer Stunde schaffen, und acht Mal vier Runden waren noch zu laufen. Für den letzten Halbmarathon erwartete ich dann eine Steigerung meines Tempos. Cornelia begleitete mich jetzt zwei oder drei Runden lang, dann noch einmal Roman. Mit ihm besprach ich schon, dass ich morgen zu Hause auf dem Sofa liegen und nur noch essen, fernsehen und schlafen würde. In der Zwischenzeit hatte der Regen endlich aufgehört und ich legte eine Jacke und ein Hemd ab. Doch ich bekam Kopfschmerzen und ein leichtes Schwindelgefühl. Neben der Müdigkeit schob ich die Schuld daran auch dem Kaffee zu, den ich getrunken hatte. Doch was sollte ich sonst gegen die Müdigkeit tun? Ich torkelte den letzten 16 Runden entgegen und es ging mir immer beschissener. Fiel mir bei einem einfachen Ironman oft die letzte Stunde, also etwa die letzten zehn Kilometer leicht, so hatte ich erwartet, dass das hier für die letzten 20 Kilometer und etwa drei Stunden so sein würde. Doch in Runde 79 war ich nur noch froh, dass ich den Platz meiner Crew erreichte.

Wir kennen die Bilder von Marathonläufen oder vom Ironman, wo Läufer kurz vor der Ziellinie zusammenbrechen. Du, ich und viele andere können nicht nachvollziehen, dass man diese letzten Meter nicht mehr überwinden kann. Jetzt war ich aber auch auf dieser Grenze unterwegs, wo sich auf der einen

Seite der Kollaps und auf der anderen das Ziel befand. Ich setzte mich in ein Auto und warf mir ein Handtuch über den Kopf. Einen kurzen Moment schossen mir Tränen in die Augen. Ich war am Ende. Nie war ich näher dran aufzugeben als jetzt, wo ich doch schon so dicht vor dem Ziel war. Nur meine Mutter und Cornelia bekamen diesen Moment mit. Es dauerte auch nur eine Minute, bis ich mich wieder gefasst hatte. Als ich das Handtuch wieder wegnahm, sahen sie zwar besorgt aus, doch ich glaube, auch sie wussten nicht ganz genau, wie fertig ich war.

Ich ging in Runde 80, ich ging auf die letzten 20 Kilometer. Als ich wieder bei meiner Crew vorbeikam, sagte ich, dass ich nun bereits 105 Kilometer gelaufen sei. Ich glaube, dass das zu diesem Zeitpunkt niemandem richtig bewusst war. Ich sagte es aber auch, um mir Mut zu machen. Manchmal muss man zurückblicken, um Mut zu fassen. So stabilisierte sich zwar mein Zustand, aber einfacher wurde das Laufen immer noch nicht. Meine Mutter begleitete mich noch einmal ein paar Runden, und die anderen dachten sich allerlei Sachen aus, um mich zu stärken. In Runde 85 bat ich meine Mutter, mich wieder alleine zu lassen. Erst wollte sie nicht, doch ich beruhigte sie. Ich sagte, dass ich nur eine Runde alleine sein wollte und sie ja dann noch einmal mitkommen könnte.

Im Vorfeld schrieb ich Dir, dass ich alleine sein werde mit meinen Schmerzen und mit meiner Müdigkeit. Darum ging es mir jetzt. Einerseits fühlte ich mich durch Begleitung nie gehetzt oder angetrieben und mit jedem, der mich begleitete, redete ich nicht besonders viel. Andererseits war ich aber eben nicht alleine. Jetzt wollte ich alleine sein und blieb dann auch bis zum Ende ohne Begleitung.

In Runde 90 und nach fast 119 Kilometern machte es schließlich „Klick". S., du schaffst es, sagte ich mir. S., du hast es gleich hinter dir. Während ich vorher meist zu irgendetwas gegriffen hatte, wusste ich plötzlich auch ganz genau, was mir meine Crew noch zu trinken oder zu essen geben sollte. Nur noch viermal um diese Ecke, sagte ich mir dann, nur noch dreimal... An unserem Platz nahm ich zwei Flaschen mit und Rupert musste mir hinterherlaufen, um sie mir abzunehmen. Ich konnte nicht mehr stehen bleiben. Ich lief wie ein Irrer, fand ich und kämpfte permanent mit den Tränen. Ich war dabei, mir meinen Traum zu erfüllen. Die letzten 15 oder 20 Jahre hätten mir durch den Kopf gehen können, denn so lange wusste ich von diesem Wettkampf. Die letzten zehn Monate hätten mir durch den Kopf gehen können, denn so lange lag die Anmeldung zurück. Während der vergangenen 55 Stunden flackerte das eine oder andere auch auf, doch in den letzten Runden war nichts mehr da. Oft erzähle ich Freunden, was ich auch Dir immer schreibe. Manchmal geben sie sich mit meinen Beschreibungen aber nicht zufrieden. Sie wollen genauer wissen, was ich während zwölf, 24 oder jetzt 55 Stunden Wettkampf gedacht habe. Einmal zusammengefasst und überspitzt formuliert: Ich denke nicht. Wenn ich mich entschieden und angemeldet habe, dann mache ich das. Mit purer Lust, aus purer Freude, der Freiheit wegen. Denn ich finde die Freiheit, von allem frei zu sein.

Zwei Teilnehmer überholte ich auf den letzten drei oder vier Runden. Dann begann die vorletzte Runde, zum letzten Mal also diese Richtung. Der Frau aus dem Garten rief ich zu, dass ich nur noch einmal und dann aus der anderen Richtung kommen würde. Danach kam ich ein vorletztes Mal an meiner Crew vorbei. „Hol Dir und uns die Fahne", riefen sie. Unten auf dem Schützenplatz verpassten sie mich erst, denn sie warteten mit der ungarischen Flagge auf den Teilnehmer, der gerade noch vor mir gelegen hatte. Dann aber bekam auch ich meine Fahne, drehte eine Runde auf dem Platz und begann die letzte Runde in entgegengesetzter Richtung. Zuerst begegnete ich dem Ungarn, der aber in Trance war, und mich nicht wahrnahm. Dann traf ich die anderen sieben, die noch unterwegs waren. Alle beglückwünschten mich und allen sah ich an, dass es von Herzen kam. Oben bei meiner Crew schwenkte ich kurz die Fahne, doch ich musste schnell weiter. Ein Rausch ist ein Rausch. Es ging noch einmal durch die Siedlung und ich verabschiedete mich von den treuesten Zuschauern. Ich lief noch einmal die Straße entlang und dachte, dass ich nie mehr hier entlangkomme, dass ich es zumindest nie mehr muss. Vor dem Abzweig zum Schützenplatz erwartete mich einer der Organisatoren und nahm mich am Arm. Noch eine Runde über den Schützenplatz und dann stand ich vor dem Ziel. Einen Moment lang zögerte ich, dann durchbrach ich die Banderole nach 55:14 Stunden.

Ich umarmte nach und nach alle, die dabei und für mich da gewesen waren. Dann bekam ich mein Finisher-T-Shirt und ein alkoholfreies Weizenbier. Fotos wurden geschossen und die Filmemacher stellten ihre letzten Fragen, an die ich mich nicht erinnern kann. Lange standen wir beieinander, aber ich kann mich auch nicht erinnern, was wir redeten oder was ich erzählte. Es war vorbei, ich war im Ziel, aber mehr wusste ich nicht.

Schließlich gingen wir - auch wieder in umgekehrter Richtung - zurück zu unserem Platz. Ich winkte meiner dänischen

Freundin noch einmal zu und könnte ich, würde ich ihr ein Denkmal bauen. Es sind auch solche Erlebnisse, weswegen man überhaupt durchkommt, die einen diese Wettkämpfe nicht vergessen lassen und weshalb man auch immer wieder irgendwo am Start steht. Zurück an unserem Platz ließ ich mich in einen Liegestuhl fallen. Während die anderen mit dem Aufräumen begannen, beklatschten wir auch immer wieder diejenigen, die sich noch auf der Strecke befanden. Da erst merkte ich, wie sehr meine Crew auch zu den anderen eine Verbindung gefunden hatte und wie sehr alle, die hier in diesen drei Tagen dabei gewesen waren, egal ob Athlet oder Betreuer, zusammengewachsen waren.

Man sucht man den Sinn des Lebens und findet bestenfalls ein Lebensziel. Einerseits hatte ich Angst davor, dass ich es nicht schaffe und das, was ich immer für ein Lebensziel gehalten habe, ist es gar nicht. Andererseits hätte es auch zu viel sein können, so dass ich danach hätte erkennen müssen, dass ich mein Ziel schon in anderen Ironman und Ultraläufen gefunden habe, ohne dass ich es wusste. Aber jetzt ist alles gut. Wahrscheinlich nur muss man so etwas noch einmal machen, um zu wissen, dass es wahr sein kann.

Dein S.

Lorenz Paul

Anders

„Erinnerung kommt ja immer mit. Erinnerung bleibt nicht in der Vergangenheit. Sie bleibt nicht dort, wo sie hingehört. Und wenn man sie irgendwann wieder vor Augen hat, ist man über ihre Wirklichkeit erstaunt."

Lorenz Paul *Anders* im Buchhandel erhältlich.
ISBN 978-3-7534-2496-5